Paul Scheerbart

„Ja .. was .. möchten wir nicht Alles!"

Ein Wunderfabelbuch

Jubiläumsband

Mit einer Nachbemerkung
herausgegeben von Michael M. Schardt

LITERATUR

Paul Scheerbart

„Ja .. was .. möchten wir nicht Alles!"

Ein Wunderfabelbuch

Mit einer Nachbemerkung
herausgegeben von Michael M. Schardt

LITERATUR

Für die Herausgeberschaft dieses Jubiläumsbandes
zum 25-jährigen Bestehen des Igel Verlages
dankt der Verlag seinem Gründer
Michael M. Schardt

Scheerbart, Paul:
„Ja .. was .. möchten wir nicht Alles!" Ein Wunderfabelbuch

1. Auflage 1988 | 2. aktualisierte Auflage 2012

ISBN: 978-3-86815-562-4
© IGEL Verlag *Literatur & Wissenschaft*, Hamburg, 2012

Alle Rechte vorbehalten.
www.igelverlag.com

Igel Verlag Literatur & Wissenschaft ist ein Imprint der
Diplomica Verlag GmbH
Hermannstal 119 k, 22119 Hamburg

Die Deutsche Bibliothek verzeichnet diesen Titel in der
Deutschen Nationalbibliografie.
Bibliografische Daten sind unter http://dnb.d-nb.de verfügbar.

INHALT

DIE DUMMEN KINDER. *Mythische Burleske.* 7

DIE NEUE TÄNZERIN. *Tragische Pantomime.* 19

MODERNE GÖTTER. *Telepathisches Capriccio.* 35

DIE FEINE HAUT. *Sensible Waldgeschichte.* 55

DER HEILIGE HAIN. *Asketensage.* 61

DER KLARE KOPF. *Rosette.* 77

EIGENSINN. *Moralische Erzählung.* 83

Michael Schardt:
Scheerbart: Fabelhaft. NACHBEMERKUNG 85

ZUM TEXT 97

Laß die Erde! Laß die Erde!
Laß sie liegen, bis sie fault!
Über schwarzen Wiesentriften
Fliegen große Purpurengel,
Ihre Scharlachlocken leuchten
In dem grünen Himmel
Meiner Welt.

Laß die Erde! Laß die Erde!
Laßt sie schlafen, bis sie fault!
Über weißen Bernsteinkuppeln
Flattern blaue Turteltauben,
Ihre Saphirflügel flimmern
In dem grünen Himmel
Meiner Welt.

Laßt die Erde! Laßt die Erde!
Laßt sie, laßt sie, bis sie fault!
Über goldnen Schaumgewässern
Spielen zahme Silberfische,
Ihre langen Flossen zittern
In dem grünen Himmel
Meiner Welt.

Haßt die Erde! Haßt die Erde!

DIE DUMMEN KINDER.

Mythische Burleske.

Graue Wolken, dunkle graue Wolken dringen hastig sich ballend über dem Kiefernwalde rauchend qualmend empor, höher, hinauf, zum blauen Himmel, den die strahlende Sonne hell durchglänzt. Und aus dem grauen Gewölk recken sich plötzlich unzählige braune Kinderköpfe heraus – sie lachen. Jetzt flattern sie schreiend den Wolken voran. Ihre silberweißen Flügel schimmern hell gleißend im Himmelsblau, und die nußbraunen nackten Glieder wackeln, die braunen Beine stampfen durch die Luft, und die braunen Arme schlagen gelenkig ins Blaue hinein.

Krächzende Krähen umschwärmen die jubelnde Kinderschar. Das dickste Kind kreischt laut, weil es nicht so schnell fliegen kann wie die Andren. Die aber ballen die Fäuste zusammen und lachen aus Leibeskräften, stoßen einander in die Seiten und zeigen mit dem Zeigefinger auf das dickste Kind, das wieder nicht ordentlich fliegen kann. Schwalben schießen pfeilschnell durch die Schar; doch abermals wird ein brausendes Gelächter angestimmt, als ein paar schwerfällige Enten aus dem Himmel herniederfallen und sich dreist auf die Köpfe der größten Kinder setzen, die an der Spitze des Zuges fliegen. Da bleiben die Enten auch sitzen, und über die braunen Backen der lustigen Schlingel kugeln Tränen um Tränen – so sehr müssen Alle lachen über die schwerfälligen Enten. Währenddem schlägt das dickste Kind wütend heftiger mit seinen silberweißen Flügeln aus, und da die Andren durch ihr lautes Lachen im Fluge behindert werden, so gelingt es dem Dicken ganz unvermutet, in die vorderste Reihe zu gelangen, wo er nun kichernd weiterflattert und mit den Flügeln herumschlägt wie ein Spatz.

Da steigt der Windgott aus den Wolken heraus. Schneeweiß sind seine langen schlanken Glieder, und seine Flügel sind schwarzer Sammet. Schwarze Nachtaugen glänzen im weißen Marmorantlitz des Gottes, sie schauen trunken in die blaue Weite. Doch in den schneeweißen Armen hält der Gott unzählige lange hellgrüne Windkellen, die wie hohe spitze große Halmblätter in das Blaue hineinragen.

Schreiend flattern die Kinder wie aufgescheuchte Bienen durch einander. Sie frohlocken und jauchzen, klatschen in die Hände, jubeln und singen – – denn ihr Gott ist da.

Der Gott fliegt hoch über den Seinen dahin, dann läßt er die langen hellgrünen Windkellen auf die Kinderschar niederfallen.

Es beginnt eine wilde Balgerei. Jeder will die längsten und dicksten Windkellen erhaschen. Die Blattformen sind nicht alle von gleicher Art, einige sind gezackt, andere rund, eckig oder spitz – die schönsten Kinder wählen die reizvollsten Blattformen. Indessen – das Geschrei will garnicht enden, und die Kleinen balgen sich in der Luft, so daß die ausgerissenen silberweißen Flügelfedern nur so herumfliegen.

Und der Gott schaut lächelnd hernieder auf seine Kinder, die sich raufen nach Herzenslust. Sie necken sich, sie zergen sich, sie reißen sich um die besten Windkellen und machen einen Lärm, daß der ganze Himmel widerhallt. Doch als das kindische Spiel dem Gott der Winde nicht mehr gefällt, klatscht er laut in seine Hände – und das hören Alle, sie wissen, was das bedeutet, sie rufen sich eifrig zu: „Ruhig Kinder! Ruhig! Jetzt müssen wir endlich Wind machen." Die Kinder zerstreuen sich, damit sie Platz haben in der Luft, denn die Windkellen sind groß.

„Jetzt soll es aber rauschen", denkt das dickste Kind, und es schreit: „Macht Wind! Macht Wind!" – und alle Kinder werden ruhig, lärmen nicht mehr. Ihr Gott pfeift auch schon gellend durch die freien Lüfte, sein Antlitz leuchtet über den Seinen, die wohl wissen, was das bedeutet.

Und die Kinder mit den Windkellen in der Hand spitzen den Mund und pfeifen auch, so laut wie der Gott selbst, so daß es gellt. Dann fächeln sie die Luft mit den langen Blattfächern, und sanfter Wind weht durch den Himmel.

Die Pfeifenden packen den Blattstiel fest mit beiden Fäusten, werfen die Windkellen weit über den Rücken zurück und schlagen nun so heftig zu, daß der Stiel sie mitreißt und sie kopfüber stürzen. Und während die Beine hoch aufwärts zappeln, holen die Kleinen gleich wieder zum neuen Schlagen aus, und schneller sausen die langen hellgrünen Blätter durch die Lüfte, wieder purzeln die braunen Schlingel kopfüber, und abermals zappeln die Beine hoch über ihnen, und die Windkellen sausen wiederum in großem Bogen nach oben – und dazu wird fortwährend gepfiffen – und ein großer Wind weht über die Lande.

Fliegende Windmühlen scheinen durch den Himmel dahinzujagen. Die Wolken können kaum folgen. Die Kinderschar wälzt sich durch die aufgeregte Luft. Die hellgrünen Windkellen bewegen sich weiter wie lange gehetzte Windmühlenflügel. Die braunen Kleinen purzeln emsig immer wieder kopfüber. Der Wind wird stärker und stärker; die Kinder pfeifen nicht mehr – der Wind pfeift selbst.

Als endlich der Wind ganz stark geworden, klatscht der Gott mit den weißen Gliedern und den schwarzen Flügeln zum zweiten Mal in seine Hände. Die Kinder hören's. Pustend und jappend versuchen sie die jetzt von selber sich bewegenden Blattstiele zurückzureißen, noch ein paar Male schießen sie mitgeschleudert kopfüber, dann halten sie die Windkellen fest wie Spieße vor sich – vom Winde getragen segeln sie dahin.

Der Gott schwebt voran einem großen Waldsee zu. „Am See wollen wir rasten", ruft er zu den Seinen hinab. Und die Schar sinkt nieder und rastet am See.

Alle horchen, wie es rauscht.

Sie liegen auf dem Ufersande hingestreckt neben ihren Windkellen. Der Gott sitzt oben auf der gelben Düne, schaut träumend hinaus auf die schäumenden Wogen. Die hellgrünen Gräser zittern und säuseln, das Schilf flüstert, die Wellen bespülen plätschernd den gelben Sand, und die Kiefern rauschen. Es rauscht die ganze Welt.

Die kleinsten Schlingel pflücken Brombeeren, sie essen eifrig. Die duftblauen Beeren färben mit dem roten Safte Lippen und Kinn der Kleinen. Die Älteren biegen mit den dicken Händen ihre Ohrmuscheln nach vorn und lauschen mit verhaltenem Atem, wie der Wind pfeift und surrt, raschelt und toset – sie lauschen so aufmerksam, als wär's befohlen von ihrem Gott.

Die Gräser lispeln, und hinten in den Kiefern braust es, in der Luft summt es, über die Wasser weht der Wind.

Die rastende Schar horcht und lauscht immerfort. Alle Töne der Welt brummen und klingen und hallen ohn' Unterlaß um die kleinen braunen Ohren.

Und die Windkinder sind stolz, denn sie machten den Wind, der das Rauschen in die Welt gebracht.

Das dickste Kind ruht neben dem großen Windgott auf der Düne – es hat sich jetzt erst verpustet. Der weiße Gott spielt mit den blonden Locken seines Lieblings und lächelt, der Dicke hat so eifrig Wind gemacht.

Der Dicke sieht nun sinnend drein und denkt etwas aus, indem er mit dem Zeigefinger herumfuchtelt; sodann streichelt er seinem Gott das Knie und beginnt also: „Vater, weißt Du, was das ist ‚Zweck?' – einige Zwerge sagten neulich, unsere Arbeit habe garkeinen Zweck. Was ist Zweck? Sie fragten, zu welchem Zweck wir Wind machten, und wir erwiderten: ‚um zu hören, wie es rauscht, dazu machen wir Wind.' Da haben die Zwerge wiederum gesagt, ‚das hat ja garkeinen Zweck'. Was ist das nur dieses ‚Zweck?' Guter Vater, weißt Du nicht, was Zweck ist?"

Die Kleinen, die nicht weitab lagern, kriechen behutsam näher, sie horchen noch aufmerksamer auf, denn sie wollen nun hören, was der Vater sagen wird. Der aber sagt garnichts, er lacht und schüttelt mit dem Kopf. Etwas später ruft er Alle zusammen und spricht: „Hört mal, Kinder, der Dicke hat mich gefragt, was ‚Zweck' ist. Ich möcht' Euch das sehr gern erklären, aber ich weiß schon, mit Worten geht es nicht. Paßt mal auf, was ich jetzt tun werde, vielleicht begreift ihr dann, was Zweck ist. Bleibt nur hier liegen."

Hiernach ließ sich der Gott alle Windkellen wiedergeben und flog empor. Oben angekommen machte jetzt der Vater Wind. Da ward der Wind zum Sturm, und die Wasser des Sees schäumten über die Ufer, die Kiefern brachen, Staubwolken wirbelten empor, Regen und Hagel prasselte zur Erde, die ersten Schneeflocken fielen herab, gelbe und rote Blätter wurden von den Bäumen gerissen. Der Sturm toste und tobte, so daß sich die Kleinen an den schlanken Birkenstämmen fest-

halten mußten. Der Sturm toste und tobte drei Tage und drei Nächte.

Am Morgen des vierten Tages stieg der Windgott zur Erde nieder und rief schnell seine Kinder zusammen. Die Erde war ringsum verwüstet. Der Vater fragte gleich, ob nun Jemand schon wüßte, was „Zweck" ist. Und das dickste Kind kam traurig näher, wies ringsum auf die verwüsteten Wälder und auf den überschwemmten Strand und sagte gedankenvoll mit dem Kopfe nickend: „O Vater, Alles auf der Welt entzweimachen, das ist der Zweck des Windmachens." Und die übrigen Kinder nickten auch verständnisvoll und ernst mit dem Kopf, sie sagten Alle dasselbe.

Da fühlte der Gott, daß seine Kinder weder ihren Vater noch sich selber ganz verstehen würden, und er freute sich dessen – und lachte darüber so grimmig, wie er es noch nie getan, und er rief laut, daß es Jeder hörte: „Wenn wieder die Zwerge sagen, Euer Windmachen habe keinen Zweck, dann lacht nur die alten Grauköpfe tüchtig aus. Sagt nur lustig, ihr wißt schon, was Zweck ist. Haut den Alten auf die Nase, schreit ihnen dabei zu – ‚Das ist Zweck! Das ist Zweck!' Dann aber fliegt rasch von dannen."

Da lachten alle Kinder, und ihr Gott lachte mit, daß es schallte.

Und der Windgott dachte daran, wie wohl ihm geworden, als er so heftigen Sturm erregt, und wie sich die Luft so prächtig atmen ließ. Und er schaute mit beiden Augen zum Himmel und sagte leise zu sich: „Nein, diese Zwerge! Nun wollen die meine Kinder zu Grüblern machen." Der Gott mußte lachen von ganzem Herzen.

Wenn aber die Kinder wieder Wind machten, so gaben sie sich die größte Mühe, Sturm zu machen. Das gelang ihnen niemals, denn ihr Gott hielt sie fleißig dazu an, immer gleich nachher zu hören, wie es rauscht.

> Und es rauscht der Wald,
> Und es rauscht der See,
> Und es rauscht die ganze Welt.
> Wie das widerhallt!
> Wie das klingt so froh!
> Wie das Allen wohlgefällt!
> Und die Kinder fragen warum –
> O ihr Kinder seid nicht so dumm!

DIE NEUE TÄNZERIN.

Tragische Pantomime.

Durch weiße Wolken schaut der Mond. Der Waldsee glänzt, und der Tauduft hängt im Gezweige der alten mächtigen Fichten, die groß und steif auf den Hügeln stehen und sich nicht rühren. Die grünen Kronen der Bäume zittern nicht, knarren nicht – schweigen. Es stört kein Laut den Frieden der Nacht.

Neben den geheimnisvoll stillen Wassern, mitten unter den Waldeshügeln, liegt ein freier Platz hart am Abhange, der gelbschimmernd steil zum Ufer hinabführt. Holzkloben sind auf dem Platze regelmäßig aufgestapelt, zu einem Klafter vereint, vor dem Holzspäne, Fichtennadeln, trockne Reiser und Äste den Erdboden bedecken. Der Mond erhellt die braunen Stämme der Fichten, das Waldesdunkel ringsum, die breite Seite des Klafters, an dem die runden Querschnitte der durchsägten Kloben weiß aufleuchten.

Da kommen Arm in Arm hervor aus dem Waldesdunkel zwei Zwerge; sie haben kleine Besen in der Hand und treten zusammen auf den freien Platz vor dem Holzklafter. Der eine Zwerg schaut nach drüben zum jenseitigen hohen Seeufer, blickt zum hochstehenden Mond empor und beginnt dann mit dem Besen den Platz von den Reisern und Nadeln zu säubern, der andre Zwerg tut schweigend das gleiche. Die Beiden sind mit braunen Kitteln aus dickem Tuche bekleidet, eine breite braune Zipfelmütze bedeckt ihr weißes Haupt, die langen weißen Bärte reichen fast bis zum Knie. Kaum haben die Zwerge zu fegen begonnen, so treten aus dem Dickicht ihre Brüder hervor, auch mit Besen in der Hand, schweigend helfen sie den Platz reinigen, sie heben die Äste, Reiser und Zweige vom Boden und werfen sie den steilen Abhang hinunter. Kein Zwerg hat Zeit zum Sprechen, sie arbeiten emsig, es sind ihrer zwölf. Als der große Platz sauber und rein wie eine Tenne gefegt ist, schweben Elfen von der jenseitigen Waldeshöhe langsam über den glänzenden Waldsee zu den Zwergen hinüber. Die Elfen haben bunte Schmetterlingsflügel und helle feinfarbige lange Gewänder, sie grüßen freundlich die ehrwürdigen Alten und lassen sich auf dem Holzklafter nieder. Die einen lassen die langen Gewänder bis zur Erde hinabhängen, die anderen kauern sich zusammen, zwei setzen sich seitwärts auf einen Baumstumpf. Die Zwerge lagern sich rund um den Platz im Kreise. Ganz still wird es. Niemand bewegt sich mehr. Der Mond scheint hell und klar.

Ein himbeerrotes Gewand schimmert im Waldesgrün, aus dem bläulichen Tauduft taucht es hervor, und zwei schneeweiße Arme heben sich aus dem Gewande heraus. Eine schlanke Gestalt schreitet rasch dem Holzklafter zu. Jetzt bleibt sie stehen, nimmt den roten Schleier vom Gesicht und schaut mit blassem Antlitz und schwarzen Augen in den großen Mond. Sie ordnet die feinen durchsichtigen Schleier, die ihren weißen Körper umwehen, atmet noch einmal tief auf und geht an den Zwergen vorüber mitten auf den freien Platz. Die himbeerroten Gewänder wehen ihr nach, sie breitet die Arme weit aus, in jeder Hand hält sie einen langen spitzen Blattfächer von moosgrüner Farbe; die Enden des Fächers biegen sich sanft auf, als die weißen Arme wieder niedersinken. Die neue Tänzerin ist in den Kreis getreten, sie will ihre Kunst zeigen, sie ist größer als die Elfen und Zwerge, sie verbeugt sich zitternd nach allen Seiten, und man nickt ihr freundlich zu. Der Mond scheint auf das goldgelbe Haar, das in wirren Strähnen in die feinen Falten der Gewänder vernestelt scheint. Ein Demantreif hält die Locken über der Stirn zusammen. Der Mond blitzt in den Steinen. Die Zwerge streichen sich den langen Bart, die Elfen setzen sich bequem auf den Holzkloben zurecht.

Die Tänzerin steht lässig auf dem harten Boden, sie hebt allmählich ihre Arme, die durch die moosgrünen Fächer verlängert scheinen, steif empor wie zwei Flügel, bis sich die Spitzen der Blattfächer hoch oben über dem Haupte berühren. Sodann sinken die Arme genau so nieder, wie sie emporgehoben wurden. Diese Bewegung wiederholt sich.

> Langsam wehen auf und nieder
> Ihre langen grünen Fächer.
> Langsam heben sich und sinken
> Ihre langen weißen Arme,
> Die die langen grünen Fächer
> Fest mit weißen Fingern halten.
> Und das Spiel des geisterhaften
> Stillen bleichen Feenkindes
> Wiederholt sich immer wieder.

Plötzlich hält die Tänzerin mitten in der einförmigen Bewegung inne. Unmutig und aufgeregt steckt sie die Fächer in die Gewänderfalten über der Brust, so daß ihr Kopf zwischen den beiden moosgrünen Blättern einen Augenblick sinnend hervorschaut, alsdann beugt sie sich nieder.

> Hastig mit bebender
> Zitternder Hand
> Schürzt sie das lockere
> Feengewand.

Die schneeweißen Beine, von den Enden der durchsichtigen roten Gewebe umwallt, glänzen im Mondlicht. Jetzt heben sich schwerfällig die Füße vom Boden, mit Anstrengung werden sie aufgehoben, um dann bald wieder bleischwer auf die Erde zu fallen. So wandelt die neue Tänzerin langsam wie von Träumen umfangen in kleinen Kreisen umher. Alsbald jedoch scheinen die Füße Kräfte zu empfangen, sie schnellen den Körper empor, immer schneller und schneller, so rasch und wild, daß die roten Schleierhüllen nicht mehr sinken können, sie hängen in der Luft in tausend Knitterfalten, die weißen Hände reißen sie höher, werfen und schleudern sie fort. Verlangend recken sich die Arme zum Himmel, und die kleinen Finger greifen hinauf, immer höher, als wollten sie die weißen Wolken haschen und sich an ihnen emporzerren zum großen Mondlicht.

Nun steckt sie sich lächelnd die Fächer hinten an den Schultern fest, daß sie wie Flügel aussehen.

> Ein Ruck durchzuckt
> Den ganzen Leib
> Sie springt und steht
> Mit frohem Blick.
> Hoch auf den Zehen stürmet sie eilig
> Mit zitternden Beinen im Kreise herum.
> Schlaff an den Lenden hängen die Arme,
> Sie scheint zu schweben, sie scheint zu fliehn.

Doch der eine Zwerg, der am Abhange liegt, springt blitzschnell auf und erhebt seinen kleinen Besen. Die Tänzerin dreht sich errötend um, dreht sich noch einmal und dann immerfort, rascher, rasender, so unaufhaltsam wie ein Kreisel, daß nur ein rotes Kleid, grüne Flügel, goldgelbe Haare zu sehen sind. Die weißen Arme und Beine greifen und schleudern sich, der Wirbeltanz läßt keinen weiteren Gedanken zu, die Zuschauer staunen und bewundern.

> Rasend wie Sturm
> Waghalsig keck
> Sauset er wild
> Rasch wie der Blitz
> Wirr und voll Gier
> Toll ohne Rast
> Hin durch die Welt
> Dieser verzückt
> Wirbelnde Tanz.
> Atemlos jagt
> Sehnig und stolz
> Dieser hellbunt
> Glitzernde Reif
> Rund um den Platz,
> Scheuchet in Wut
> Alles empor,
> Dreht sich ohn' End,
> Bis ihn der Rausch
> Schwindelnd betäubt.

Die Gewänder, Fächer, Arme, Haare waren zusammen ein Farbenkranz geworden. Als der sich endlich allmählich zu lösen begann, schien die

Kraft der Tänzerin zu erlahmen, ihr Gesicht glühte wie Feuer, sie schwankte, griff um sich, und die Elfen und Zwerge, die Alle von ihren Sitzen aufgesprungen waren, glaubten, jetzt würde das wilde Kind zu Boden sinken, indessen das geschah nicht. Die zarten Knie knicken zusammen, aber der Wirbeltanz wird taumelnd fortgesetzt. Die schlanke Gestalt krümmt sich, die schwarzen Augen glimmen und funkeln; wie eine Katze, die nach Raub ausschaut, späht die Tanzende nach allen Seiten, dreht sich dabei langsamer, berührt mit Knien und Händen fast den Boden, und in einer Schneckenlinie naht sie der Mitte des Tanzplatzes. Wieder heben sich die Glieder, und die Wirbelbewegungen werden rascher, heißer, feuriger. Doch kaum hat sie sich wieder in natürlicher Größe aufgerichtet, als sie auch schon abermals in die Knie stürzt, aber dabei schnellt sie sich gleich mit aller Kraft empor und schießt wie eine Schraube hoch in die Luft, reißt dort oben die Fächer von den Schultern, schlägt und peitscht die Lüfte hastig, grimmig, um sich oben in der Schwebe zu halten. Es gelingt ihr nicht, sie sinkt in die Tiefe zurück, die roten Schleier kommen zuletzt hinab, sie prallt steif mit den Füßen auf den Erdboden und bleibt wie ein Stock stehen. Kraftlos fallen die Arme nieder, die Spitzen der Fächer berühren die Erde, die roten Gewänder umhängen schlaff die müden Glieder. Der Mond wird von den weißen Wolken verhüllt.

> Der Sprung mißlang,
> Zur Erde sank
> Das Feenkind
> Zurück in die alte traurige Welt.
> Zum Himmel sprang,
> Zum Lichte rang
> Der schwere Leib,
> Doch Keiner dort oben Sinkende hält.

Die Tänzerin bewegte nach kurzer Zeit wieder die Füße. Sie tanzte müde, doch so wie die anderen Mädchen tanzen. Neckisch hüpften die Zehen vor und zurück, der Oberkörper wiegte sich in den Hüften, die langen goldgelben Haarsträhnen schaukelten mit. Die Arme hielt sie über dem Kopfe, bildete Winkel mit den Ellenbogen, Schwunglinien mit allen Gliedern, warf erst das rechte Bein, dann das linke leicht in die Höhe, stand darauf mit vorgestreckten Armen auf einem Fuße. Schließlich blieb das linke Bein ständig in der Luft, und das rechte trug den Körper allein.

Wie der Fuß sich da drückt,
Wie gewandt, wie beglückt
Er sich bieget und streckt,
Die Zehe, Gelenke schmiegsam verreckt.

Die Zwerge schmunzelten, und die Elfen wollten schon Beifall klatschen, indes das unberechenbare Mädchen brach urplötzlich ohne Grund den Tanz ab, schüttelte sich heftig, zuckte mit den Schultern, steckte die beiden Fächer zusammen unter den Arm, ballte die Faust und stampfte mit dem Fuß gegen die Erde.

Nahen die wilden
Unsichtbaren
Bösen ergrimmten
Waldesgeister?
Scheuchen sie schreiend
Höhnisch grunzend
Tanzende Feen
Fort aus dem milden
Glänzenden Mondlicht?

Verfolgt von unsichtbaren Gestalten wird die Tanzende. Sie stürmt daher, wehrt sich mit Händen und Füßen, krümmt sich verschüchtert, sinkt auf die Knie, hebt um Erbarmen flehend die Hände, rennt wieder voll Angst wie toll im Kreise. Die Zwerge schütteln den Kopf. Da scheint die Verfolgte wieder Atem zu schöpfen, mutig schreitet sie gerade aus. Nun packt sie giftiger Zorn, die beiden Fächer faßt sie mit der Rechten, so daß eine Spitze unten, die andere oben ist, wie eine Lanze hebt sie die grünen Blätter, und jetzt wird sie selbst die Verfolgerin. Eine tolle Jagd beginnt. Ein blutgieriges Raubtier scheint die schlanke Gestalt geworden, ihre Zähne knirschen, die Augen brennen, blaue Adern blicken durch die weiße Haut, die Sehnen werden straff und die Muskeln hart. Bald durchstrahlt helle Siegesfreude das gerötete Antlitz. Die heftige Wut läßt nach. Spöttisch stoßen die Arme und Beine durch die Luft, in der besiegte Geister stöhnen.

Die Elfen atmen auf, doch nicht lange, denn ein neuer Feind muß wieder unsichtbar die Tanzende beirren und angreifen. Ihr Kopf ist in das Genick zurückgeworfen, oben über ihr ist der böse Feind. Die Füße wollen den Erdboden verlassen, empordringen, anknüpfen, hinauf, höher, weiter, vor, fort. Der Tanz wird ein wilder Kampf, die Arme greifen gierig in die Lüfte, die Fächer fliegen zu Boden, und der ganze Körper strebt auf, von der Erde Fesseln will er sich losringen. Eckig, hastig, formlos, unbeholfen werden die Bewegungen. Wüste, wahnsinnige Begierde durchzuckt den weißen Leib, die roten Schleier hängen aufgerissen in wirren Falten. Der Wirbeltanz beginnt von neuem, ein gewaltiger Sprung folgt dem andern, immer höher. Die weißen Glieder glänzen im Mondenschein, fliegen umher, die Beine stampfen den Boden und die Arme recken sich auf. Sie schlägt mit den Fäusten nach oben, ihr Kopf hängt tief im Genick. Allmählich versagt die Kraft.

> Noch ein einziger herrlicher
>   Feuriger Sprung!
> Zum Himmel noch einmal
>   Jauchzt sie empor,
> Den hemmenden Geistern
>   Bietet sie Trotz,
> Sie schlägt in die blöde
>   Dunstige Luft.
> Doch schwer wie ein Kloben

Sinkt sie hinab,
Da bricht sie zusammen –
Springt nicht mehr.

Im Walde bewegte sich nichts, kein Laut war zu hören, nur die Zwerge flüsterten leise mit den Elfen, die mitleidig auf die ohnmächtige Tänzerin niederblickten, alsbald nach allen Seiten freundlich grüßend von dannen flogen. Sie schwebten über den glänzenden Waldsee nach den jenseits liegenden Forsten. Die jüngste der Elfen sagte, während sie ärgerlich den Kopf schüttelte: „Warum das Kind nur fliegen will!" Die ihr zunächst fliegende Schwester meinte zustimmend: „Ich weiß nicht, warum sie nicht tanzen lernen will wie die anderen Mädchen." Schweigend schwebten sie weiter durch den mild erleuchteten bläulichen Tauduft, bis sie im Schatten der Fichtenkronen verschwanden.

Die zwölf Zwerge umstanden mit ihren Besen auf der Schulter die ohnmächtige Fee. Wie sie sich erholt hatte, halfen sie der Müden aufstehen, reichten ihr die moosgrünen Fächer und ordneten ihre himbeerroten Gewänder. Sie sah fragend umher und sprach endlich zum Ältesten: „Warum sagst Du nichts? War der Tanz schlecht?" Der alte Zwerg antwortete: „Wenn der Vollmond wieder scheinen wird, mußt Du noch einmal tanzen, vielleicht kann ich dann ein Urteil über Deine Kunst fällen, Du mußt zuerst warten lernen, habe nur Geduld!" Und die anderen Zwerge wiederholten das letzte Wort: „habe nur Geduld! habe nur Geduld!" Die neue Tänzerin ließ den Kopf sinken und schritt nachdenklich mit den Kleinen in das Dunkel der Wälder. Zwei Zwerge, die hinter dem Zuge zurückblieben, strichen ihren Bart, zuckten die Achseln, gingen Arm in Arm weiter, und der erste murmelte: „Sie kann ja doch nicht fliegen." Der zweite nickte mit dem weißen Haupte, daß der braune Zipfel der Mütze vornüber fiel, murmelte gleichfalls: „Sie kann ja doch nicht fliegen."

Auf dem Platze vor dem Klafter ist die laue Luft so still, daß das Bohren eines Holzwurmes einen Augenblick hörbar wird. Ein brauner Eichkater läuft herbei, setzt sich dicht am Abhange vorsichtig auf die Hinterbeine, spitzt die Ohren und schaut zum Himmel mit altklugen Augen auf.

Durch weiße Wolken schaut der Mond. Der Waldsee glänzt, und der Tauduft hängt im Gezweige der alten mächtigen Fichten, die groß und steif auf den Hügeln stehen und sich nicht rühren. Die grünen Kronen der Bäume zittern nicht, knarren nicht – schweigen. Es stört kein Laut den Frieden der Nacht.

MODERNE GÖTTER.

Telepathisches Capriccio.

„Weiter! Weiter! Weiter!" So ruft der Steuermann durch die laue Nacht, in der es unablässig weiter geht ... doch es geht nicht dorthin weiter, wohin der Steuermann weiter will.

Ein Luftschiff schwebt durch den Himmel, es führt aber nicht zu den Sternen hinauf, es kreist immer nur um den Erdball herum und zwar so, daß es niemals von der Sonne beschienen werden kann. Die Wesen, die auf dem Luftschiff fahren, können kein stärkeres Licht vertragen, sie freuen sich nur am milden Mondenglanz ... sie leben nur in stiller Verborgenheit.

Aber dem Steuermann ist es zu finster in der Nacht, die nur von Mond und Sternen erleuchtet wird ... er will loskommen von der Finsternis ... er will hineinsegeln in die Strahlen der Sonne. –

Forschend schaute der greise Steuermann zu dem langen Ballon hinauf, der wie eine Schlauchschlange hoch über dem länglichen Schiffe schwebte. Der

Schlauch endete vorn in einen Rüssel, der sich fortwährend umherwand. Und der Alte, der das ganze Schiff steuerte, lenkte zugleich den Rüssel des Schlauches. Wie ein Fühlhorn tastete dessen Spitze vorn in den Lüften umher; bald krümmte sich der graue Luftrüssel ganz nach hinten zurück, bald stieß er hastig nach den Seiten oder nach oben, oder er reckte sich steif gradaus … es war, als sollte die Rüsselspitze die Winde prüfen, als wollte das Schiff den Wolken ausweichen.

Götter waren es, die auf dem langgestreckten Luftschiffe dahinfuhren, Götter, die durch die Allmacht ihrer Hirnkraft, durch die überwältigende Wucht ihrer Gedanken die Köpfe der auf der Erde wandelnden Menschen beherrschten, … die Handlungen der Menschen nach göttlichem Willen lenkten und ihre Taten und Werke von oben herab erzeugten.

Mit lustigen Sprüngen pfeifend und zwitschernd kommt der Mundschenk der Götter auf das Hinterdeck gerannt. Schon von ferne schreit er: „Alter, Alter! Kannst Du mich nicht steuern? Ich bin ja berauscht, siehst Du das denn garnicht?" … Der Alte brummt.

Das Schiff saust dahin, als wenn's Eile hätte. Die Wolken sinken in die Tiefe. Die dünne Mondsichel leuchtet nur spärlich.

„Lärme nicht so! Setze Dich hier an meine Seite! Es ist nicht gut, wenn der Mundschenk so viel trinkt. Du bist noch viel zu klein."

„Holla, Du Schlemmer, *Du* willst wohl trinken. Hier, nimm' meine Flasche … gib mir die Ruderleinen und trinke! So … so! … Wie Du heute wieder trinken kannst!"

„Sei nicht so unverschämt, Bengel!"

Nachdem der Alte noch einmal getrunken, sagt er zum Knaben: „Es wird Dir wohl auch allmählich zu finster bei uns. Hast Du schon einmal die Sonne gesehen?"

„Nein, wie sieht die denn aus?"

„Denke Dir den Mond ganz voll und denk' ihn Dir immer heller und heller, so blendend und glänzend, daß Dir die Augen schmerzen, daß die

Sterne verlöschen vor dem strahlenden Licht, daß die Wolken ganz weiß werden ... und die Erde leuchtet! Denke Dir alles Licht der Welt zusammen und Alles ganz bunt und frisch – weißt Du nun schon, wie es sein könnte? Rote, gelbe, grüne Farben denke Dir ganz hell, als wären sie von dem Götterlicht erleuchtet!"

Der Alte zieht an einem Draht, und an der Spitze des Schiffes blitzt das Götterlicht auf ... wie eine Strahlenkerze ... mittendrin ein weißglühender Glanzkern, der das ganze Schiff viel heller als Mondlicht bescheint.

Die Götterbarke war ein stattlicher Luftsegler. Neben den Bordflanken des langen Kahnes schaukelten viele kleine Gondeln, in denen die Götter bei ihrer Arbeit saßen.

Das Schiff mußte jetzt an einem hohen schneebedeckten Gebirgskegel vorbeigesteuert werden. Der Steuermann griff somit wieder zu seinen Drähten und Tauleinen, riß den grauen Rüsselschlauch zur Seite und spannte die braunen Segel auf, die sich unter dem Schiffe befanden – eine Verlängerung des Barkenkieles waren. Wie mächtige Fischflossen staken die vielen Segel unter dem Luftkahn, sie bewegten sich nun heftig und warfen das Fahrzeug zur Seite. Der Mundschenk wunderte sich wieder über die Kraft der großen Segelflossen; er konnte nie begreifen, wie das Schiff mit diesen Segeln gesteuert werden konnte … jedoch darüber dachte er jetzt nicht weiter nach, denn etwas Andres nahm seine Aufmerksamkeit in Anspruch.

Beim Scheine des Götterlichtes war das kleine Waschmädchen auf das Verdeck gestiegen und hatte sehr eifrig begonnen, den feingefugten Dielenboden blank zu scheuern. Sie beeilte sich nach Kräften, da sie die Sessel und Tische noch zu putzen hatte; wieder war so viel Meteorstaub auf das hellgelbe Holz gefallen, daß das arme Mädchen recht seufzen mußte über die Arbeit. „Wenn ich schon die Sternschnuppen seh', so wird mir schon immer das Herz schwer, denn dieser Meteorstaub ist ja ganz entsetzlich." Dabei scheuerte das Waschmädchen der Götter noch heftiger die Dielen, denn sie sah wohl ein, daß durch das bloße Seufzen nichts gebessert würde. Der Mundschenk sah zu … Während dessen ärgerte sich der Alte, daß der Knabe vorhin gar keine Antwort gegeben hatte.

„Meinst Du denn, alte Leute reden zum Spaße mit solchem Knirps, wie Du einer bist? Kannst Du Dir nun schon einen Begriff machen, wie das Sonnenlicht wirkt? Nein?"

„Ach so, bester Steuervater, werde nicht gleich so böse. Sieh nur, ich dachte, Du müßtest noch immer steuern, und daher schweig ich, um Dich nicht zu stören."

„Ich kenne Dich schon, Du hast nur nach dem Waschmädel geschaut."

„Meinst Du? ... Jetzt muß ich Dir aber zuerst antworten ... Jawohl, ich kann mir einen sonnenklaren Begriff vom Sonnenlicht machen ... so klar ist mir's, daß mir die Augen schmerzen. Du, weißt Du, fahr' doch nach der Sonne hin ... so gern möcht ich sie einmal sehen. Bitte, tu' mir den Gefallen, Du kannst auch diese volle Flasche ganz allein austrinken."

Da schmunzelte der Alte, nahm die Flasche und trank, dann aber sprach er bedächtig und traurig:

„Die Götter wollen doch nun einmal nicht zur Sonne fahren. Wie soll ich sie dazu überreden?"

Die letzten Worte hatte das Waschmädchen gehört, sie hielt in ihrer Arbeit inne, blickte rasch auf, strich sich die Locken aus der Stirn und meinte hastig: „Warum könnt Ihr denn nicht auch 'mal die Götter beeinflussen? Wenn die da in ihren Gondeln alle Menschen beeinflussen und ihnen immerwährend die neuen Gedanken eintrichtern, dann könnt Ihr doch auch 'mal die Götter lenken. Ich dachte schon lange daran, 'mal die Sonne zu sehen." Und das Mädchen putzte weiter die Dielen – eifrig – in Hast, denn bald mußten die Götter ihre Gondeln verlassen und auf's Verdeck steigen, da sollte dann immer Alles rein sein.

„Du, Alter, hast Du gehört, was die Kleine sagte? Hm? Ja? Na, wollen wir den Göttern den Kopf verdrehen? Du, das wird ein Spaß." Und der Mundschenk lachte, das Waschmädel kicherte, der alte Luftfahrer strich sich den Bart und sann nach.

„Wie wollt Ihr das nur anstellen?" fragte der Alte nach einer Weile. Das Waschmädel richtete sich danach erregt auf und flüsterte, mit den Händen herumfuchtelnd, dem Mundschenk etwas leise vertraulich in's Ohr, bis der Schlingel zustimmend und verschmitzt lachend mit dem Kopfe nickte. Der Alte lenkte das Schiff.

Währenddem kletterten die Götter aus ihren Gondeln heraus an Bord. Das Waschmädel lief nach unten in die Küche, der Mundschenk schritt mit würdevollen Bewegungen den Göttern entgegen und verneigte sich vor ihnen … das Haupt bis an die blank gescheuerten Dielen niedersenkend.

Hiernach begrüßten sich die Götter gegenseitig, indem sie sich feierlich freundlich die Hände schüttelten und einander lebhaft fragten: „Wie geht's?" „Gut, sehr gut, vortrefflich", lautete die Antwort. Nach dieser Begrüßung setzten sich die Herren auf die bereit stehenden Sessel an die verschiedenen Tische. Das Götterlicht glänzte vorn so niedrig, daß die Tischplatten sämtlich im Schatten lagen, doch die goldenen Zackenkronen der Götter funkelten sehr prächtig, und die würdevolle Ruhe der großen Gestalten wirkte fast ergreifend vornehm.

Der Büßergott, der Denkergott und der Kriegsgott – diese drei saßen ganz vorn in nächster Nähe des großen Barkenlichtes. Der Erste sagte: „Wir Drei sind die Götter der Zukunft." Der Zweite wiederholte diese Worte, der Dritte gleichfalls. „Unser Einfluß wird immer größer", meinten sodann die Drei bestimmt und einstimmig.

Der kleine Mundschenk ging von Gott zu Gott, füllte Jedem die hohen Gläser und betrachtete voll Ehrfurcht die roten Gewänder der Götter. Diesem und jenem rückte der Kleine die goldene Zackenkrone zurecht.

Rund um den runden Mitteltisch haben sich die drei Traumgötter mit den drei Göttern der Nüchternheit niedergelassen. Diese Sechs wollen einen Bund schließen, doch sie werden noch immer nicht einig. Obschon sie wissen, daß sie nicht zusammen passen, bleiben sie doch eng befreundet, da ihnen der Unterhaltungsstoff niemals ausgeht. Sie glauben, daß ihnen die Gegenwart gehört.

An den übrigen Tischen sitzen im erregten Kampfeshader die Götter der Dichter und Künstler... sie sind sämtlich mit einander verfeindet, und jede Zusammenkunft endet stürmisch. Einer dieser Götter lacht fortwährend, und Einer sieht sehr gleichgültig aus, er schweigt viel – doch gräßlich grob sind die Schweigenden.

Der hagerste Gott entwickelt gewöhnlich die kühnsten Pläne – tolle Dichtungen, bei denen dem Leser ganz wirr im Kopf wird, die liebt er am meisten.

Die mit den langen Bärten wollen das Reizvolle, die Bartlosen das Sinnvolle in Kunst und Dichtung bevorzugt wissen – jene sind mehr sinnlich, diese mehr Denker und kühl. Auch unter diesen beiden Göttergattungen herrscht niemals Einigkeit.

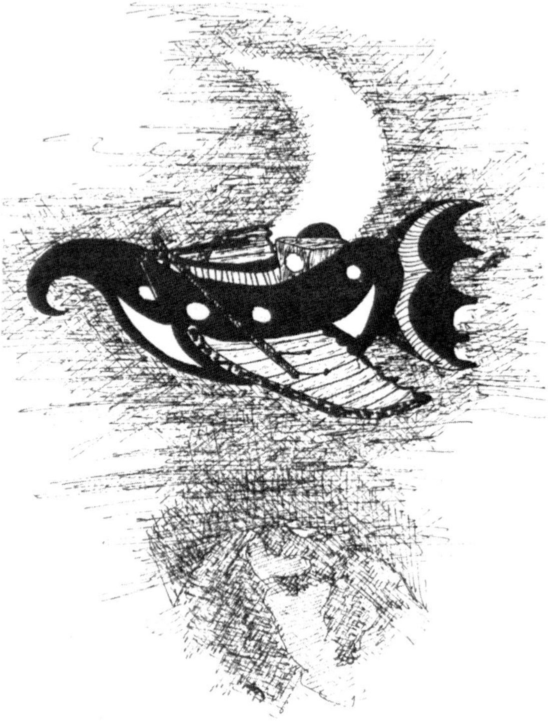

Die Dichterfreunde pflegen sich zu ärgern, wenn der Mundschenk nicht rasch genug die Kanne schleppt ... sie freuen sich nur mit den Künstlerfreunden zusammen, wenn der Wahrheitsgott gefoppt wird. Dieser Gott – der sich nur noch unter den Dichtern halten kann – ist schon seit langer Zeit die Zielscheibe blutiger Witze, doch das hat sein Selbstbewußtsein nicht erschüttert. Er trinkt kräftig, denkt einfach und redet immer dasselbe ... stets sieht er gesund aus.

Zutraulich plaudern die Geheimnisvollen mit den Tiefsinnigen ... doch das hat nichts zu bedeuten. Die Begehrlichen zanken sich dicht daneben recht eifrig mit den Willensmüden.

Große Achtung haben sich die Geisterfreunde zu erwerben gewußt. Das sind die Götter mit den größten Augen.

Alle diese Köpfe gehören den Göttern der Künstler und Dichter, sie haben sich zu einem Bunde vereint ... dieser Bund beherrscht das ganze Schiff, denn derselbe besitzt dreimal mehr Mitglieder als alle übrigen Götter zusammen.

Jetzt steigt der kleine Schenk mit gemessenem Schritt auf das erhöhte Hinterdeck, wo einsam und selbstbewußt die Baugötter thronen, sie trinken und reden wenig ... sie haben viel zu tun – die Kunst der Baumeister beherrscht noch nicht die anderen Künste. Bald wird sie aber herrschen, und dann sind die Baugötter die Herrscher der Welt – also denken diese Stolzen. Wie sich der Mundschenk ihnen so ehrfürchtig naht, da hoffen sie grade wieder auf einen großen Sieg. Vor ihren Blicken steht klar und groß die Kunst der Zukunft, in der Jedem in den herrlichsten Bauwerken die wahre Heimat geschaffen werden soll, die Jedem gestattet, nichts Anderes zu tun als rein und ungestört zu denken, zu empfinden und zu fühlen.

Doch die Baugötter gehören nicht zum großen Künstlerbunde.

... Es entsteht ein Gedränge, die Stimmen der Götter schallen plötzlich lärmend durch die Nachtluft ... Die Götterboten werden in Gondeln aus der Tiefe zur Barke emporgezogen.

Jeder Gott stürzt auf seine Boten zu, des Fragens und Scheltens ist kein Ende. Jeder will wissen, ob sein Einfluß auf dem Erdball erstarkt sei, ob die Gedanken der Götter auch ordentlich von den Menschen nachgedacht werden, ob man auch wirklich nach göttlichem Willen lebt und strebt. Große Freude herrscht dort oben, wenn die Menschen fein fromm sind; doch auch Klagen ertönen auf dem göttlichen Luftschiff.

Klagend und händeringend rennen die Staatsgötter umher. Traurig schütteln die Wissenschaftsgötter ihr gekröntes Haupt. Sowohl diese wie die ersteren fühlen zu ihrem Entsetzen, daß ihre Macht geschwächt ist, daß sie nicht mehr das Zepter halten können wie einst, daß sie der Verzweiflung nahe sind; ihre Kraft ist erschöpft, und der Mundschenk muß ihnen immer mehr Wein in die großen Gläser füllen, worüber der Kleine sich freut wie ein Dieb … vergnügt reibt er sich die Hände, wenn ihn die alten Grauköpfe nicht sehen.

Die Staatsgötter sind Greise, die Wissenschaftsgötter klagen auch schon über graue Haare, müde Augen und zitternde Hände.

Nur Einer geht stolz im wehenden roten Mantel umher, nur Einer ist vollständig durch seine Boten zufrieden gestellt – das ist der Gott der Freiheit – er ist groß und breit wie ein Riese.

„Allmählich", ruft er lachend, „kommen alle Menschen zu der Überzeugung, daß man am besten tut, wenn man Alles so gehen und laufen läßt, wie es eben gehen und laufen will. Die Menschen brauchen keinen Staat, und sie brauchen keine Wissenschaft und Kunst, wenn sie nur leben können, wie's ihnen gefällt. Ich bin der größte Gott! Es lebe die Bedürfnislosigkeit, und es lebe die Freiheit!"

Der Büßergott drückt dem Redner ernst die Hand, der Kriegsgott klopft ihm froh auf die Schulter, und dem Denkergott blitzen die Augen auf in teuflischer Lust, und er brummt dabei: „Das ist ein Sieg der Denker, nicht Dein Sieg, Du alter Freiheitsvater!"

Die Boten empfangen ihre Aufträge, trinken noch schnell einige Weinkannen aus und springen dann wieder in ihre Gondeln, in denen sie rasch zur Erde hinabschaukeln.

Die Götter klettern auch wieder in ihre Gondeln, ergreifen dort ihre silbernen Fäden und beginnen von neuem ihre Gedanken und ihren Willen den Menschen einzuflößen ... sie bieten wiederum ihre ganze Nervenkraft auf.

Die Arbeit der Götter ist schwerer als Steine klopfen.

Aus den einzelnen Göttergondeln hängen lange Büschel silberner Fäden bis auf die Erde hernieder. Diese feineingesponnenen Fäden schleifen den Erdboden; dadurch teilen sich die Gedanken der Götter, die diese Fäden oben in den Händen haben, der Erde mit, und von der Erde steigen die Gedanken in die Köpfe der Menschen – jeder Gedanke, jede Vorstellung erzeugt eine bestimmte Nervenbewegung, eine bestimmte Bewegung des ganzen Körpers; diese Bewegung teilt sich eben durch die Fäden den Menschen unten mit, und die Menschen empfangen sonach wieder dieselben Vorstellungen, durch welche die Bewegung veranlaßt war ... so denken die Götter den Menschen die Gedanken vor – die kräftigsten Gedanken werden natürlich am leichtesten auf die Erdbewohner übertragen.

Und der Mundschenk hatte zum Freiheitsgotte so im Vorübergehen flüsternd gesagt: „Weißt Du, ich find's recht langweilig, daß Ihr immerfort die Menschen regieren wollt. Fahrt doch mal in die Welt hinaus zur Sonne oder sonst wo hin. Laßt doch die Menschen denken und tun, was sie wollen – das willst Du doch auch so. Möchtest Du nicht einmal zur Sonne fahren? Der Steuermann tut's sehr gern, wenn wir's ihm sagen." Da hat der Gott herzlich über den Kleinen gelacht und ihm herzlich zugeraunt: „Du machst mir Spaß." Darauf gingen aber gleich die Götter über Bord und begannen wieder zu arbeiten wie sonst.

Als nun das Verdeck wieder ganz vereinsamt ist, da schleicht das Waschmädchen vorsichtig aus der Luke heraus, pfeift leise den kleinen Schenken heran und flüstert ihm was in's Ohr. Hierauf klettern beide an den Tauen, mit denen das Schiff an den grauen Rüsselschlauch gebunden ist, nach oben … jeder von einer anderen Seite. Wie sie oben auf dem Schlauche sind, sehen sie sich wieder und nicken sich kichernd zu. Sie kommen sich so nahe, daß sie mit dem Kopfe zusammenstoßen und liegen nun auf dem Bauch da – ganz ruhig. Sie greifen die silbernen Fäden, die sämtlich oben zusammenlaufen, fassen sie fest an, und dann rufen sie: „Jetzt!"

Während sie da so liegen, denken sie mit aller Kraft, und sie denken nichts weiter als „Licht, Licht, Sonnenlicht!"

Bald merken das die Götter, sie werden in ihrer Arbeit gestört, sie werden beeinflußt von ihrem Waschmädchen und ihrem Mundschenk, die höher denken als die da unten in ihren Gondeln. Schließlich rufen die Götter heftig „Licht! Licht!" Und da der Steuermann das vordem ausgelöschte Barkenlicht nicht wieder anzündet, so klettern alle Götter an Bord und schreien wütend die Fäuste ballend den armen alten Steuermann an. Der aber sitzt ruhig da und glaubt, die Götter seien wahnsinnig geworden..., und er ruft in seiner Angst nach dem Mundschenk, damit der – den Wein bringt... zur Beruhigung. Der Mundschenk kommt natürlich nicht, und das Waschmädchen ist auch nicht zu finden. Nun werden die Beiden von den Göttern gesucht, denn der Steuermann ruft immerzu: „Sucht den Mundschenk! Der wird Euch Licht anzünden! Mundschenk! Mundschenk!"

Natürlich finden dann die Götter endlich die Beiden da oben auf dem Schlauch, die würdigen Herren merken den Spaß und verprügeln die naseweisen Kinder, wie sie es verdienen.

Jetzt erst merkt der arme alte Steuermann, daß die Kinder ihm einen Gefallen tun wollten, und da wird er allsogleich furchtbar betrübt. Das hilft aber nichts. Die Kinder haben ihre Schläge bekommen, und die Götter gehen wieder an die Arbeit.

Schmollend steht der Mundschenk vorn vor dem jetzt wieder brennenden Barkenlicht. Der Kleine sieht ärgerlich in die Tiefe und denkt bei sich: „Wenn die Götter so dumm sind und sich nicht einmal einen freien Genuß verschaffen wollen, wenn sie immer und ewig nur den Menschen was vordenken wollen und nicht ein einziges Mal für sich selber leben wollen, dann mögen's die dummen Götter bleiben lassen. Wie froh bin ich nur, daß ich kein Gott bin!" Er schüttelt die blonden Locken und zupft seinen zerknitterten schwarzen Sammetkittel zurecht, blickt über Bord und überlegt, ob er sich nicht lieber hinausstürzen soll – kopfüber – doch er tut es nicht. Das Waschmädchen ist in der Küche – scheuert wieder – weint sich aus. Der Steuermann weint auch beinahe – murmelt aber immer noch wehmütig, indem er an die Sonne denkt:

„Weiter! Weiter!"

DIE FEINE HAUT.

Sensible Waldgeschichte.

Glühwürmer schwebten durch das geheimnisvolle Waldesdunkel. Die hohen Buchen rauschten leise. Welke Blätter fielen langsam in das weiche Moos. Fledermäuse flogen eilig vorüber. Hoch in den Kronen der Bäume saßen große Vögel; sie schlossen die Augen und schliefen ein.

Durch das säuselnde Waldesdunkel ging ein einsamer Wandrer in feinen weißen Gewändern schweigend dahin. Er tastete vorsichtig mit den Händen in die Luft, er konnte nicht sehen, wo ein Baumstamm im Wege stand, wo ein Zweig zu tief hing, wo ein Stein lag und wo's hinan ging einen Hügel hinauf.

Kein Schuh bedeckte die Füße des einsamen Wandrers im weißen Gewande, das sich wie ein Gespenst durch den dunklen Wald bewegte – wie ein Toter, der auferstanden.

Und die nackten Füße des Wandrers wurden mit Tautropfen bedeckt, die der Abendnebel sanft sprühend über das weiche Moos verwehte.

Der Wandrer bleibt vor einem leise murmelnden Bach stehen. Krähen fliegen aufgescheucht krächzend empor, sie haben sich erschrocken beim Anblick der weißen Gewänder.

Ein Glühwurm erleuchtet voll Mitleid den kleinen Bach, und der Wandrer schreit auf und setzt den Fuß eilig in das kühle Wasser …

Aber die Kieselsteine ritzen die feine Haut der Füße mitleidlos auf. Die nackten Füße bluten, und der weiße Mann eilt den Hügel hinan. Da schlagen ihm die Zweige heftig ins Gesicht, ein Spinngewebe bleibt ihm hängen im langen Haar. Mit der Stirn prallt der Arme gegen einen festen Ast, und die Hände reißt er sich wund an den harten Baumrinden. Über einen Maulwurfshügel stolpert der Wandrer und fällt.

Die Knie bluten ihm, die Hände bluten ihm, über das Gesicht rinnen die Blutstropfen. Die ganze Haut ist zerschrammt und schmerzt so furchtbar,

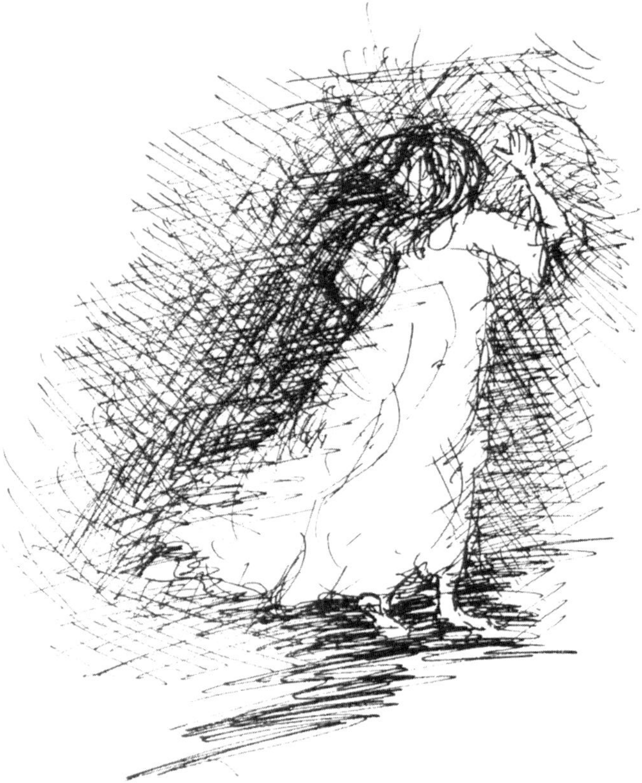

daß der Gefallene klagend aufschreit und daß seine Klagen widerhallen im leise säuselnden Waldesdunkel. Aber der Wandrer im weißen Gewande darf nicht liegen bleiben. Er ist zum ewigen Wandern verdammt.

Und es ist kein Lebendiger, der da blutend dahinschreitet wie ein Gespenst. Ein Toter geht durch den Wald.

Er wandert dort durch die einsame Nacht zur Strafe für eine große Sünde.

Er hat einst, als er noch lebte, die Wesen, die er nicht liebte – verachtet. Und nun werden diese Wesen, die er einst verachtet – gerächt. Er ist gezwungen, allnächtlich im Walde herumzuirren – wie ein Gespenst – als ein Toter, der auferstanden.

Und wieder stößt er an harte Steine, wieder schlagen ihm Zweige heftig ins Gesicht, wieder zerreißen ihm die Baumrinden die Hände, garstige Spinngewebe umnetzen sein Haar, und das Blut rieselt über die feine Haut, daß sie schmerzt überall, wie wenn sie mit Nadeln zerstochen würde.

Mitleidige Glühwürmchen leuchten zuweilen wie gute Geister vor dem weißen Mann auf.

Aber die Eulen schreien, und das schmerzt in den Ohren des Wandrers, es schmerzt jedes fallende Blatt sein empfindliches Ohr. Und der Wald säuselt, und es klingt so wie klagende Laute, klingt wie:

> O verachte nicht!
> O verachte nicht,
> Was der ewige Weltgeist erschaffen.

Der Wandrer hört es und leidet, er geht und geht durch das nächtige Dunkel immerfort. Und sein weißes Gewand ist voll Blut, und seine feine Haut schmerzt.

Doch still ergeben in sein Schicksal ist, der da wandelt unter ewigen Qualen.

Er weiß, daß er leiden muß, wenn er wandern muß.

Seine feine Haut trägt die Schuld an Allem. Hätte der Arme keine feine Haut gehabt, so wäre dem sonst so Guten nie eingefallen, andre Wesen zu verachten.

Der Wald säuselt wie zur Beruhigung.

Nur die Eulen schreien so laut, und die Käfer zirpen immerfort, und die Steine sind so hart und die Baumäste so fest, und jeder Schritt bringt neuen Schmerz …

Und der Wandrer wandelt dahin und leidet – leidet ewig, wohin ihn auch führen mag – sein unendlicher Pfad.

DER HEILIGE HAIN.

Asketensage.

„Sei still!"

Die roten und gelben Rosen duften. Zwei Frauen wandeln an dem Schwanenteiche vorüber und betreten den heiligen Hain, der mit seinem dichten hohen Blätterdache die großen Wunderblumen beschattet. Kühl ist der heilige Hain.

Tauperlen blitzen auf den großen weißen Lilien. Auch der dunkelgrüne Rasen ist unter den Morgenwolken feucht geworden. Die mächtigen Himmelsblüten wiegen sich sanft. Die blaßroten Nelken wachsen neben den Wurzelknollen der hohen Riesenbäume, deren dunkelgrüne Laubespracht den blauen Himmel mit seiner heißen Sonne nicht mehr ahnen läßt. Die roten und gelben Rosen duften auch hier überall hinein in den milden Wohlgeruch der großen Wunderblumen.

In der Mitte des Haines plätschert in einem weißen Marmorbecken ein kleiner Springbrunnen. Weiße Marmorstufen führen auf allen Seiten zum hüpfenden perlenden Wasserstrahl, zu der klingenden Wanne hinauf. Die beiden Frauen, die vom Schwanenteiche herbeikamen, lassen sich schweigend nieder auf den weißen Stufen. Der Marmor ist kalt.

Feine purpurrote Gewänder schmiegen sich in unzähligen Falten um die schlanken Glieder der beiden Frauen. Goldblumen sind in den Saum des Purpurs gewirkt. Wo das glutrote Gewebe mit seiner Goldstickerei den grünen Rasen streift, da knospen duftende Rosen auf. Und die Frauen pflücken viele gelbe Rosenknospen, winden aus ihnen einen Kranz und schmücken mit dem gelben Blütenreif das dunkelbraune weiche Haar.

Neben den Riesenbäumen stehen ringsum im Kreise hoch auf schwarzen Sockeln Frauenbüsten mit seltsam denkenden Augen, mit braunen, gelben und schwarzen Haaren, mit ernstem Seelenantlitz, das einfach ruht in fester Stille. Um die Lippen spielt ein ewiges Sinnen, doch unbeweglich scheint die beharrende Kraft selbstklarer Beschaulichkeit. In den heiligen Frauenbüsten, die den Hain ringsum in der Runde schützend umgeben und umgrenzen, lebt der Einklang einer ernsten Märchenwelt. Die blauen Wunderblumen, die Rosen, Lilien und Nelken umwuchern, umranken, umgarnen die schwarzen Sockel, sie blühen empor als Friedegedanken der heiligen Frauenseelen.

„Sei still!"

Der Hain ist kühl. Bunte schillernde Vögel fliegen auf den Rand des weißen Marmorbeckens, hüpfen auf dem weißen Stein umher, tauchen den Kopf in das kalte Wasser, trinken die Tropfen, die der Springquell plaudernd versprüht ...

Ein feiner Märchenduft weht aus den Blumenkelchen, auf denen Schmetterlinge mit wundersamen Farbenflügeln sich schaukeln und eifrig Honig saugen, zu den beiden Frauen hinüber, die schweigend auf den Marmorstufen sitzen und niederblicken in den wilden Garten zu ihren Füßen. Es sind so viele Falter auf die Knospen der Rosen, Lilien und Nelken geflattert, daß diese prunken – farbensatt und seltsam anzuschauen. Die blauen Wunderblüten thronen auf den hohen schwankenden Stauden wie die Köpfe der Königinnen im fernen Indien. Im leisen Windegesurr glauben die Frauen geheimnisreich und sinnvoll bedeutsam die flüsternden Laute schmeichelnder Blumensprache zu vernehmen. Durch die Lüfte weht ein sanftes Säuseln.

Auf dem Teiche draußen ziehen langsam große Schwäne dahin, deren weiße Fittichpracht im Sonnenlichte glänzt. Doch die Sonne glüht nur da draußen in der ewig erregten Welt, der heilige Hain spendet erhabenen Frieden im kühlen Schatten. Es plaudert hüpfend und klingend die silberklare tausprühende springende Wasserquelle. Die sanften Augen der stillen Frauenbüsten schauen alle groß und träumerisch hinüber zu den Wellenringen der weißen Marmorwanne.

„O, wann wird endlich die Zeit nahen, in der ich ruhig werden kann?"

„Wir sind Büßerinnen", erwiderte die ältere Schwester, sie schaute lange nachdenklich in die weitaufgeschlagenen Augen der einen Frauenbüste. Die Augen waren lichtbraun und milde; gebannt wurde, wer ihren Glanz erblickte; sie schienen Alles festzuhalten und Alles zu besänftigen. Hellblondes Haar wellte sich einfach gescheitelt um die weiße Stirn und um die weißen Wangen. Die Nase war so schmal und fein gebaut, daß das Licht, wenn es von der Seite kam, durchschimmern konnte. Zart drückten sich die leicht geröteten Lippen an einander, und um die Mundwinkel schien zu spielen der Schmerz mit dem Glück, Entsagen mit Genießen; verhaltene Wonne war mit verhaltener Trauer das Antlitz verklärend zusammengewebt. Ein dunkelbraunes Gewand umhüllte Brust und Schulter bis zum schlanken Halse. Das länglich gebildete Haupt der heiligen Frau ragte steif in bewegend berührender Hoheit empor.

Die jüngere Schwester ließ ihre Blicke verwirrt umherirren, ihr ward wieder so heiß, sie nahm den gelben Knospenreif vom Kopfe, hielt ihn in der Hand auf dem Knie. Sie stieß leise die Schwester an und sprach rasch: „In der letzten Nacht war es so warm. Ich konnte nicht schlafen, mich verfolgten schreckliche Bilder. Jener Jüngling – Du weißt, er blickte mir damals so heiß ins Gesicht. Ich träumte wieder von ihm, seine Glieder waren braun – seine Hand faßte mich an. Ach, Schwester, ich kann ihn nicht vergessen, und ich weiß nicht mehr, wann ich wieder ruhig werden kann. Ich bin so sinnlich."

„Sei still!"

Die bunten Schmetterlinge flatterten um das springende Wasser. Weiche Winde wehten durch den Hain, und die Blumen schaukelten. Die Tauperlen glitzerten und funkelten. Bienen summten vorüber.

„Sieh mit mir in das Antlitz jener heiligen Frau, ich will Dir erzählen von ihrem Leben. Vielleicht wirst Du ruhig, wenn Du mir aufmerksam zuhörst."

Die Ältere streichelte die weichen, dunkelbraunen Haare der unruhigen Schwester und legte behutsam den Arm um ihre Schulter. Beide schauten dann dicht an einander geschmiegt nach drüben, nach der stillen Büste hinüber.

„Sie hatte sich vermählt mit einem Manne, der so edel war wie sie selbst. Niemals war eine Frau eine glücklichere Gattin wie sie. Und ihr Gemahl war ihr bester Freund. Was sie dachten, das dachten sie zusammen; sie empfanden stets dasselbe zu gleicher Zeit. Sie fühlten niemals etwas allein. Beide waren sie ein einzig Wesen."

„Und sie fühlten eines Tages ein ganz neues Gefühl aufkeimen in ihrem Innern. Es war eine neue Sehnsucht, die bald größer ward als ihre Liebe, größer als alle bisher empfundenen Gefühle. Sie empfanden plötzlich den Druck einer Fessel. Die Begehrlichkeit war die Fessel. Und Sehnsucht nach Befreiung von dieser Fessel war der Kern des neuen Gefühls."

„Nun aber merkten sie bald, daß ihr Zusammenleben die Begehrlichkeit ihrer Wünsche steigerte. Sie jedoch wollten sich von der Allmacht der Wünsche befreien. Da sie nun alle Beide wunschlos zu werden strebten, so beschlossen sie, sich zu trennen … sie sagten sich, daß, wenn sie die Kraft ihrer Wünsche brechen wollten, daß sie dann zuerst den größten Wunsch in ihrer Brust vernichten müßten. Dieser größte Wunsch war aber ihre Sehnsucht, zusammen zu sein … Und so schieden sie von einander. Sie gingen beide dahin, ihren eigenen Weg zu wandeln."

Die Blumen im heiligen Haine strömten aus berauschenden Duft, doch der war nicht glühend, nicht heiß. Kühl und frisch blieb der stille Hain, in dem unablässig das springende Wasser murmelnd erklang – plaudernd von neuer wunschloser Seligkeit.

„Sieh' nur zu der stillen Frau hinüber. Sie begann durch die Welt zu wandern, als sie sich von ihrem Gatten getrennt hatte. Sie kam zu fremden Ländern und zu fremden Völkern, und überall predigte sie das hohe Lied von der ewigen Wunschlosigkeit."

„Bald nur ward sie traurig, da die Menschen ihren Worten nicht Glauben schenkten und trotz aller Mahnung nicht anders lebten als zuvor."

„Und einst sprach zu der hohen Frau in stiller Sternennacht hinter einem großen Tempel mit vielen Kuppeln ein alter Einsiedler; er meinte vornehmlich, daß ihr Wunsch, die Andern zu bekehren, doch auch nur ein Wunsch sei... Sie sah das bald schmerzlich ein und gab es von jener Nacht an auf, die Menschen zu bekehren."

Die ältere Schwester erhob sich, brach eine große blaue Wunderblume, eine weiße Lilie, eine rote und eine gelbe Rose und dazu eine rosafarbige Nelke, dann setzte sie sich wieder mit dem Blumenstrauß auf die weißen Marmorstufen und erzählte weiter:

„Unsere Heilige schloß Freundschaft mit dem alten Einsiedler. Indes dieser erklärte bald, daß auch der Wunsch nach Freundschaft nur ein Wunsch sei, der überwunden werden wollte. Das veranlaßte sie, abermals in die weite Ferne zu ziehen."

„An einer plaudernden Quelle lebte sie darauf in stiller Einsamkeit. Und die Einsamkeit tat ihr wohl. Nur regte sich dort der Wunsch nach der Heimat in ihr. Sie unterdrückte wohl das Heimweh, indem sie auch in diesem Gefühl nur einen Wunsch erblickte, der unterdrückt werden mußte – doch blieb ein leises Sehnen zurück."

„Eines Tages besuchten vier Freundinnen die Einsiedelei. Die Vier hatten von dem heiligen Leben der großen Büßerin gehört, hatten ihr Vaterland, das auch das der großen Büßerin gewesen, verlassen und waren nun hingepilgert zu der Vielgefeierten, die nichts weiter wollte als wunschlos leben. Sie war freundlich, aber sehr still, und so kam es, daß die Freundinnen viel erzählten und vieles wissen wollten."

„Da begann der Wunsch nach ganz abgeschlossener Einsamkeit allmächtig in der Heiligen aufzukeimen; sie kämpfte gegen diesen großen Wunsch heftig an, doch er kam immer wieder und zehrte an ihr. Dieses fühlten die vier Freundinnen, und sie beschlossen alsbald, wieder nach Hause zu pilgern, da die Einsiedlerin beständig ihre Nähe zu meiden suchte. Wie sie jedoch Abschied nehmen wollten und ihren Entschluß kundtaten, da hat jene große Frau sanftmütig den Kopf geschüttelt und ist mit den Freundinnen, ohne sich weiter zu weigern, hierher gezogen."

„Die fünf Frauen haben hier am großen Teich unsere Einsiedelei erschaffen. Wir nennen sie, wie Du weißt, ‚Die Heimat der Büßerinnen'."

„Jene haben gebüßt, um von allen ihren Wünschen befreit zu werden, und wir sollen das gleiche tun. Du zitterst, Schwester?"

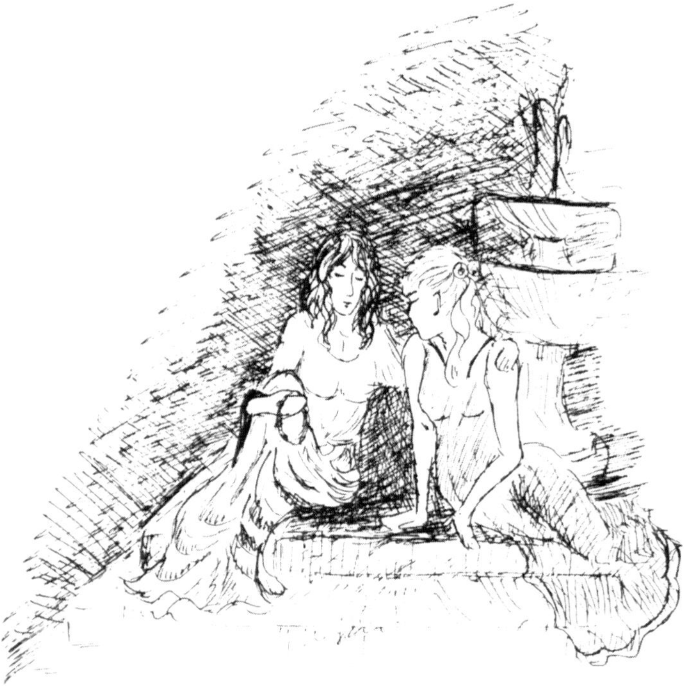

Die jüngere Schwester seufzte, zitternd erwiderte sie: „Wie groß sind jene Frauen gewesen, und wie klein bin ich! Ich hatte nur Sehnsucht nach der sinnlichen Lust. O wie klein und verächtlich bin ich! Sprich weiter, ich fühle, wie ich bei Deinen Worten immer ruhiger und ruhiger werde."

Die Freundin streichelte wieder das weiche dunkelbraune Haar der unruhigen Schwester und sprach leise, während sie mit der Rechten den Blumenstrauß emporhob:

„Siehe, diese Blumen haben die fünf Frauen, die diesen Hain zuerst sahen, aus jenem fernen Lande mitgebracht und hier angepflanzt. Diese fünf Blumen sollen Wünsche vorstellen, die gelbe Rose bedeutet die Sehnsucht nach Freundschaft, die rote – Liebessehnen. Hier die Lilie weist auf das Verlangen nach Ruhe hin, die blasse rosafarbige Nelke ist ein Zeichen des Strebens nach großen Taten – diese blaue Wunderblume kündet die Begierde nach ewiger Einsamkeit, es ist die Lieblingsblume jener Frau dort drüben, von der ich Dir so viel erzählte."

„Ach, wie klein ist dagegen der Wunsch nach der sinnlichen Lust, den *ich* hegte, der *mich* unruhig machte!"

„Wahrlich", sprach die Andre, „sehr verächtlich ist es, wenn Dich schon der Wunsch nach niedriger Lust nicht ruhen läßt. Gehe hin in Deine Klause! Faste dort! Nimm' den Strauß mit, der Dich an die großen Wünsche mahnen wird. Auch Du wirst lernen, was wunschlose Seligkeit bedeutet. Jetzt lerne nur zunächst, wie verächtlich das Verlangen nach Wollust und Umarmung ist. Lebe wohl!"

Das junge Mädchen mit dem gelben Kranz und dem großen Strauße steht auf und geht langsam gesenkten Hauptes von dannen, das purpurrote Gewand schleppt zaudernd nach. Das Mädchen wandelt angestrengt denkend am Teich entlang, es sieht die weißen Schwäne nicht lachend an, wie sonst, es schreitet still empfindend seiner Klause zu. Ein ernstes Selbstvertrauen bemächtigt sich der schlanken Gestalt, und sanft erregt spricht sie zu sich selber:

„Ich werde Ruhe finden, ich werde jenen Frauen schon einst gleichen, und wenn ich fürchte, schwach zu werden, dann will ich einsam in den heiligen Hain flüchten und die heiligen Frauen wieder anschauen. Ihr Blick wird mich stärken."

Und die Jungfrau lächelt, als sie mit ihrer Bußübung beginnt, mit großen Augen redet sie sich gläubig zu: „Du, junge Büßerin, verzage nicht, Du bist schon wunschlos, Du bist es schon in dieser Stunde, Du wirst noch wunschloser werden."

Die ältere Schwester sitzt noch lange Zeit allein auf den weißen Marmorstufen. Sie schüttelt mit dem Kopf und zerpflückt in Gedanken die gelben Rosenknospen, aus denen sie vorhin einen Kranz gewunden. Sie erinnert sich, daß nur die Sehnsucht nach Herzensfreundschaft sie veranlaßt hatte, den Kranz zu winden; sie wollte der jungen Schwester Freundin sein. Sie schüttelt den Kopf wiederum und vergißt den Wunsch. Wehmütig gedenkt sie noch ihrer alten Lehrerin, die oft so traurig von den Wünschen gesprochen. Alle Wünsche seien doch nicht zu töten, so hatte die alte Frau stets gelehrt. Vor Allem, sagte sie, müßte man sich vor spitzfindigen Grübeleien hüten. Es wäre natürlich auch nur ein Wunsch, wunschlos sein zu wollen – doch man dürfte nicht glauben, daß scherzhafte Wendungen an der Notwendigkeit der Wunschlosigkeit irgendwie rütteln könnten. Man sollte nur immer jeden Wunsch, den man als solchen erkannt, zu besiegen versuchen, dann würde schon alles Glückbringende folgen – so ward gelehrt den Büßerinnen.

Die ältere Schwester stärkt sich noch einmal im Anblick der milden Frauenköpfe, sagt sich ernst, daß der Wunsch, eine Freundin zu besitzen, keine Kraft mehr für sie habe – und geht dann auch fort.

Der heilige Hain lag bald einsam da. Voll Hoheit ragten die Büsten der wunschlosen Frauen empor. Die Wunschblumen dufteten, der Springquell ward umflattert von Vögeln und Faltern. Die Blätter der Riesenbäume rauschten. Andachtsstimmung lagerte ringsum.

Es betrat niemals eine Büßerin diese geweihte Stätte – *ohne* gestärkt zu werden, *ohne* sich wunschlos zu fühlen …

Wenn eine Büßerin sinnend auf den weißen Marmorstufen des stillen Haines rastet, dann schweben die Geister der heiligen Frauen herbei, stärken die Ringende, trösten die Verzagte – sie lenken die Herzen derer, die ihnen nahen, so leicht und sicher, als wenn der Wind die Wolken lenkt.

DER KLARE KOPF.

Rosette.

Leicht legt sich sein weißes Greisenhaupt an das dicke breite dunkelviolette Sammetpolster zurück. Die alte Hand des greisen Denkers streicht leise behutsam von der Stirn auf nach hinten über die weißen langen Haare. Die gelbe Haut des alten Gesichtes wird durch feine Falten langsam bewegt – allmählich lächelt das Antlitz.

„Immer wieder dasselbe denken", murmelt der alte Mann, und er lächelt dazu. Seine breite Brust hebt sich unter kräftigen Atemzügen. Seine beiden dicken gedrungenen Schenkel ruhen voll auf dem violetten Sammetpolster. Der Greis sitzt da ganz fest. Seine kräftigen Beine stehen mit den schweren Waden senkrecht auf dem Teppich wie zwei Säulen. Der schwarze lange Rock hängt faltig neben den schwarzen Beinkleidern herab. Und die weiße Halsbinde leuchtet oben. Die alte Hand streichelt jetzt das rasierte Kinn, das immerfort lächelt, indem es feine Falten zeigt. Der ganze Kopf lächelt.

Die grauen Augen glänzen, und es murmelt wieder der zahnlose Mund:

„Immer wieder dasselbe denken!"

Die hohe gelbe Stirn glättet sich dabei; sie liegt da eingebettet in den weißen Haaren auf dem violetten Sammetpolster …

„Welche seltsame Stimmung!"

Ruhig liegt Sonnenlicht drüben auf dem milden Christuskopfe. Das Gemach ist so freundlich hell. Der Tisch mit der schwarzen Seidendecke steht da ruhig und leer vor dem sitzenden Greise. Die violetten Sammetsessel am Fenster stehen, als wenn sie warteten auf hohen Besuch.

Und der Greis denkt wieder an seine Kindheit, in der die Welt so anders aussah.

„Es war damals Alles viel frischer. Ich glaube, damals dacht' ich wirklich täglich dasselbe. Ob ich das nicht wieder lernen kann? Es ist so klug, immer wieder dasselbe zu denken."

Still sitzt der Greis und denkt an ein fernes Land mit hohen Palmen, an einen Mann, der kniend zum Vater betet – der Greis denkt an ein Bild, das er in seiner Jugend zu Haus alle Tage sah, wenn er das Tischgebet sprechen sollte.

Das Bild steht jetzt wieder deutlich vor den glänzenden Augen des alten Denkers, der von jetzt ab nicht mehr Neues denken will. Jesus in Gethsemane steht da vor dem Alten. Der Erlöser trägt ein blaues langes Gewand, und links neben ihm ragen hohe schwankende Palmen in den Abendhimmel. Hinter diesen Palmen ist die Luft so paradiesisch bunt, wie auf den Glutgefilden von Tizians Gemälden.

Das Paradies liegt dort hinter den Palmen.

Und der Alte denkt immer wieder dasselbe. Er denkt an jenes Land, das ihm als Kind auf jenem heiligen Bild erschienen war. ------------------------

„Immer dasselbe denken!" mahnt sich der Alte, wie er merkt, daß seine Gedanken abschweifen wollen.

Und er denkt immer dasselbe.

Still sitzt der Greis auf dem violetten Sammetpolster. Noch immer ist das gelbe Greisenantlitz leicht zurückgelegt, eingebettet von den weißen Haaren. Der violette Sammet daneben ist sehr dunkel. Die breite Brust hebt sich unter der schwarzen Weste. Die Haltung des Alten bleibt immer dieselbe …

Und der Greis denkt Neues nicht mehr aus. Sein altes Bild mit den Palmen und dem Paradies dahinter – das steht fest vor den alten Augen.

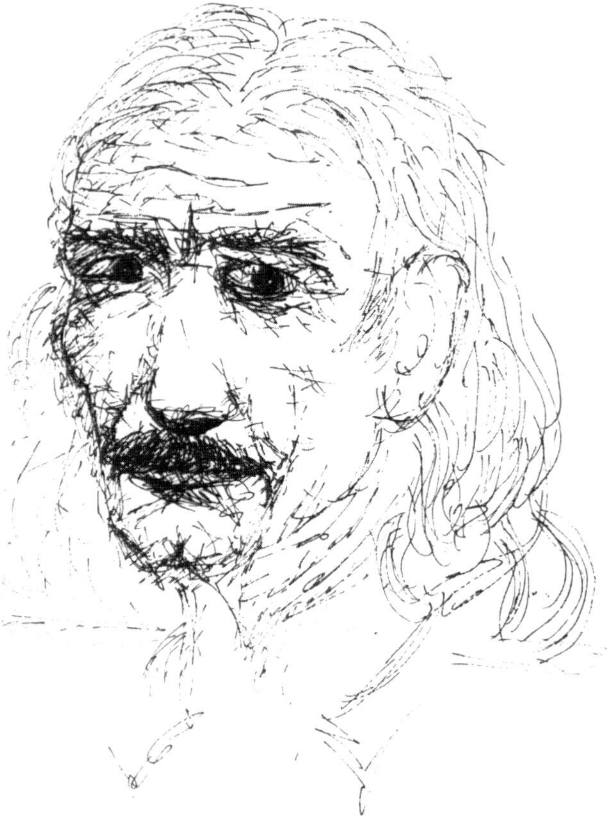

EIGENSINN.

Moralische Erzählung.

Aus dem dunklen Himmelsblau hingen goldene lange dicke Ketten bis auf die Erde herab. Die Menschen kletterten an den Ketten empor.

„Warum kletterst Du nicht auch in den Himmel?"

„Wenn ihr alle hinaufklettern wollt, dann ist dort oben gar kein Himmel!"

„Du Schuft!"

Einige Menschen, die noch unten waren, ergriffen den frechen Buben, der nicht in den Himmel klettern wollte, schlugen ihn tot und warfen seinen Leichnam in den nächsten Fluß.

Scheerbart: Fabelhaft!
Nachbemerkung

von Michael Schardt

Oftmals ist in der Rezeptionsgeschichte des vergessenen Berliner Phantasten und Romanciers Paul Scheerbart eine Renaissance proklamiert worden, die aber früher oder später verpuffte und ohne nachhaltige Wirkung blieb. So war es auch 1988, als man des Dichters 125. Geburtstag feierte, eine Reihe von Neuauflagen seiner Werke erschien und es Jubiläumsartikel in den deutschen Feuilletons „hagelte". Einen sehr bescheidenen Beitrag zum kurzen Aufflackern einer Wiederentdeckung des Scheerbartschen Œuvres in jenem Jahr leistete auch das nun in Neuherausgabe wieder vorliegende Wunderfabelbuch *Ja .. was .. möchten wir nicht Alles!*, das rund zwanzig Besprechungen erlebte, u. a. auch in „Die Zeit" und „Die Welt". Es war das erste Mal, dass das Fabelbüchlein seit seinem Erscheinen (1893) wieder aufgelegt wurde, und es war das erste Mal, dass es überhaupt in einem selbständigen Verlag erschien: Die Erstauflage hatte Scheerbart im eigenen „Verlag deutscher Phantasten" herausgebracht.

Das Wunderfabelbuch war 1988 als erstes Buch des 1987 von Susanne Bek und mir gegründeten Igel Verlags in Paderborn erschienen. Es sollte ursprünglich auch das einzige Buch bleiben, denn die Verlagsgründung und Herausgabe des Scheerbartbüchleins war lediglich eine auf einer Party entstandene Nonsensidee. Doch es kam anders. Der Igel Verlag brachte weitere Bücher vergessener und verkannter Autoren der Zeit um 1900 heraus und hatte nach fünf Jahren Überlebenskampf schließlich auch Erfolg. Bis zu meinem Ausscheiden zum 20jährigen Verlagsjubiläum 2007, der Übersiedlung des Verlags nach Hamburg und der Übergabe an meine Mitarbeiterin Johanna Seegers hatte der Igel Verlag über 700 Bücher herausgebracht und sein Programmspektrum deutlich erweitert. Zum 25jährigen Verlagsjubiläum am 7. August 2012 und zur 150. Wiederkehr von Paul Scheerbarts Geburtstag am 8. Januar 2013 erscheint nun das Wunderfabelbuch noch einmal. Eine Scheerbart-Renaissance wird auch dies allerdings nicht einleiten können.

Denn: Ins Pantheon der ganz Großen seiner Zunft gehörte und gehört Paul Scheerbart nicht, auch wenn einige seiner Bewunderer es gerne anders sähen. Scheerbarts Schicksal war es – und ist es bis heute –, von wenigen allzu hoch geschätzt, von den meisten aber allzu niedrig eingestuft worden zu sein. Deshalb muss es verwundern, dass seit die Rechte an seinem Werk 1985 frei wurden, eine Flut von Neuauflagen und wissenschaftlichen Beiträgen erschienen, wie sie kaum einem zweiten Schriftsteller der Jahrhundertwende aus dem Kreis der Großstadt-Bohème zuteil wurde. Ende der achtziger und Anfang der neunziger Jahre haben nicht nur Kleinverlage einzelne Bände des skurrilen Genies in ihr Programm aufgenommen. Auch große Verlage taten es ihnen gleich. So veröffentlichte der Reclam Verlag in der „Universalbibliothek der Weltliteratur" – erstmals vollständig – die Lyrik Scheerbarts und stellte ihn damit in die Reihe bedeutender Autoren. Ebenso erschienen bei Suhrkamp in der damals renommierten „Phantastischen Bibliothek" mehrere Romane des Dichters. Und bei Rowohlt brachte man zum 125. Geburtstag Scheerbarts just jenes Bändchen *Katerpoesie* in der Originalausstattung heraus, welches 1909 das erste in Deutschland publizierte Buch des legendären Verlagsgründers Ernst Rowohlt überhaupt war. Diese insgesamt erfreulichen Bestrebungen liegen mehr als zwanzig Jahre zurück und konnten mittel- und langfristig nicht die Versäumnisse wettmachen, die seit dem Tod Scheerbarts am 15. Oktober 1915 die Rezeptionsgeschichte prägen.

Seither hat die akademische Auseinandersetzung mit Scheerbart verstärkt eingesetzt. Es sind einige übergreifende Dissertationen und Spezialstudien und eine Handvoll nennenswerter Aufsätze über Scheerbart erschienen. Neue Impulse für die Auseinandersetzung mit dem Berliner Schriftsteller gingen von der Herausgabe einer elfbändigen Gesamtausgabe aus. Darüber hinaus konnte die Veröffentlichung eines umfangreichen Briefbandes auch die biographische Forschung weiter voranbringen.

Im Bewusstsein einer breiteren literarischen Öffentlichkeit war der Autor trotz seiner annähernd dreißig Bücher zwar auch zu Lebzeiten nicht präsent gewesen, doch gab es einen festen Leserstamm seiner Neuerscheinungen, die von angesehenen Kritikern besprochen und mit hohem Lob bedacht wurden, wie eine dreibändige Dokumentation der Rezeption (Igel Verlag) nachdrücklich zeigt. Die Wirren des Ersten Weltkriegs ließen Scheerbart allerdings schnell in Vergessenheit geraten. Ähnlich wie bei Peter Hille, Stanisław Przybyszewski oder Oskar Panizza wurde sein Andenken nur im Kreis der engsten literarischen Freunde hochgehalten. So gründeten Herwarth Walden und Walter Mehring 1929 eine Scheerbart-Gesellschaft, die jedoch nicht lange bestehen sollte und ohne nachhaltige Wirkung blieb. Nach dem Zweiten Weltkrieg wurde Scheerbart unter die „Vergessenen und Verschollenen" – so der Titel einer kleinen Textauswahl – eingereiht. Erst in den siebziger Jahren setzte eher zaghaft eine wissenschaftliche Auseinandersetzung mit dem Werk ein, und einige Verlage bekundeten die Absicht, Erzählungen und Romane des Dichters neu aufzulegen.

Diese Bestrebungen wurden jedoch um 1975 durch eine unklare Urheberrechts-Situation zunichte gemacht. Der Journalist und Ethnologe Professor Hellmut Draws-Tychsen, zeitweiliger Lebenspartner von Marieluise Fleißer, verhinderte Neudrucke des Scheerbartschen Werkes, indem er vorgab, Alleininhaber der Rechte zu sein und sie vom Dichter selbst erhalten zu haben. Unter seinen massiven juristischen Drohungen ließen die Verlage von ihrem ohnehin wenig lukrativ erscheinenden Vorhaben ab. Später stellte sich heraus, dass sich der inzwischen verstorbene „Rechteinhaber", der im Todesjahr Scheerbarts elf (!) Jahre alt gewesen war, selbst zum Nachlassverwalter ernannt hatte. Das ist kein Einzelfall in der deutschen Literatur des 20. Jahrhunderts: Auch die Veröffentlichung der Werke Robert Müllers wurde beispielsweise auf gleiche Weise durch einen Wiener Gastronom verhindert, bis der Igel Verlag in den neunziger Jahren einen Musterprozess vor dem Oberlandesgericht Hamm mit der zu diesem Zeitpunkt noch „illegalen" Publikation des Romans *Tropen* anstrengte. Dem Verlag wurde in zweiter Instanz Recht gegeben, womit die Herausgabe Müllerscher Werke auch anderen Verlagen offenstand. Draws-Tychsen, ein „äußerst begabter und umfangreich in sich selbst verhedderter Hochstapler", wie Frank Milautzcki in einem Beitrag schreibt, hat sein Scherflein dazu beigetragen, dass Scheerbart lange ungedruckt blieb.

Paul Scheerbart wurde am 8. Januar 1863 als jüngstes von elf Kindern in Danzig geboren. Nach einem weitgehend autodidaktisch betriebenen Studium der Philosophie – vor allem Schopenhauer und Kant – zog es ihn bald zur Literatur. Als 21-Jähriger verließ er seine Heimatstadt und fand nach eigener Aussage 1884 „den Übergang zur Kunst". Nach einem dreijährigen Wanderleben, das ihn nach Halle, Leipzig, Königsberg und in die literarischen Metropolen Wien und München führte, ließ er sich in Berlin nieder. 1889 debütierte Scheerbart mit dem eher kitschigen Jugendstilroman *Das Paradies* und gründete 1892 zusammen mit Erich Mühsam und Otto Erich Hartleben den „Verlag deutscher Phantasten". Als eines der wenigen Bücher des kurzlebigen Unternehmens erschien 1893 Scheerbarts „Wunderfabelbuch" mit dem sprechenden Titel *Ja .. was .. möchten wir nicht Alles!*

Obwohl die sieben darin enthaltenen Geschichten beileibe nicht zum Schlechtesten gehören, was der Dichter verfasst hat, wurden sie nicht beachtet, so dass die bereits geplanten Fortsetzungen nicht publiziert werden konnten. Das damals in einem schmucklosen, bis zum Rand bedruckten Heft herausgekommene Werk, das bereits die spätere Meisterschaft seiner Kurzprosa ankündigt, ist auch bei Scheerbart-Spezialisten nahezu unbekannt geblieben und wurde – wie dargelegt – erst 1988, versehen mit einem Nachwort von Susanne Bek und mit Zeichnungen von Claudia Neuhaus, in einem bibliophilen Band wiederaufgelegt. Die Illustrationen Neuhaus' wurden auch für diese Ausgabe wieder verwendet.

Scheerbart ließ sich durch seine zeitlebens andauernde Armut und die ersten Misserfolge nicht entmutigen. Als genießerischer Wirtshäusler und typischer Vertreter des Bohème-Literaten fand er schnell Anerkennung in den Berliner Künstlerzirkeln. Er war stets gerngesehener Gast im Friedrichshagener Kreis, bei der Tafelrunde August Strindbergs, im „Sturm"-Kreis und am Verbrechertisch Hartlebens. Zu seinen bewundernden Trinkkumpanen, die ihn finanziell und ideell unterstützten, gehörten u. a. Edvard Munch, Knut Hamsun, Stanisław Przybyszewski, Johannes Schlaf, Detlev von Liliencron, Frank Wedekind, August Stramm, Alfred Kubin, der einige seiner Werke illustrierte, Oskar Kokoschka und, in lockerer Beziehung, Alfred Döblin.

Nach vier Jahren des Schweigens begann 1897 Scheerbarts breitgefächerte literarische und publizistische Tätigkeit, die bis zum frühen Tod 1915 unvermindert anhielt. Neben zahlreichen Gedichten, kurzen Bühnenstücken im Brettlstil, ungezählten Essays, Kritiken und anderen journalistischen Brotarbeiten veröffentlichte Scheerbart mehrere Dutzend Erzählungen und fünfzehn Romane. Hinzu kommen Betrachtungen zur modernen Architektur, pazifistische Flugschriften und das zeichnerische Werk. Ein elfbändiger Romanzyklus gilt als verschollen.

Scheerbart wurde von Zeitgenossen als drolliger Phantast geschildert, der mit entwaffnender Naivität zwanzig Jahre an einem Perpetuum mobile baute, das er freilich nie in Gang brachte. Dem Alkohol und Tabak im Übermaß zugetan, war er gutmütig und anspruchslos. Als ausgewiesener Antierotiker heiratete Scheerbart, ein kleiner und deutlich untersetzter Mann, seine ältere Zimmerwirtin, die „Bärin", die jedoch auch keine nachhaltige Ordnung in das unstete Leben des Künstlers bringen konnte.

In seinen Werken, besonders in den Zeitungsartikeln und Flugschriften, zeigte sich Scheerbart als unerschrockener Pazifist, ironischer Kommentator und nachdenklicher Beobachter. Der Schriftsteller und Philosoph Anselm Ruest schlug ihn für den Friedensnobelpreis vor, weil sich Scheerbart nachdrücklich öffentlich gegen den beginnenden Luftmilitarismus und für den Frieden ausgesprochen hatte, während viele andere Intellektuelle mit Begeisterung in den Krieg zogen, um darin umzukommen oder völlig desillusioniert heimzukehren und eine ähnliche Position zu finden, wie sie Scheerbart längst propagiert hatte. Möglicherweise war der Ausbruch des Ersten Weltkriegs mitverantwortlich für seinen Tod. Freunde, insbesondere Walter Mehring, berichteten, Scheerbart habe angesichts der Greuel die Nahrung verweigert und sei an den Folgen der Unterernährung gestorben. Das dürfte jedoch eine von vielen Legenden sein, die sich um das Leben von Paul Scheerbart ranken und sich lange hielten. Wahrscheinlich starb er an den Folgen eines Hirnschlags, wie neuere biographische Forschungen – insbesondere die von Mechthild Rausch und Leo Ikelaar – belegen.

Leo Ikelaar, der auch einen Dokumentenband im Igel Verlag veröffentlichte, ist es zu verdanken, dass Scheerbarts Platz in der internationalen Literaturgeschichte für immer gesichert sein dürfte: In einem Brief vom November 1900 wendet Scheerbart den Begriff „Expressionismus" nicht nur auf die bildende Kunst, sondern speziell auf die Literatur an, also elf Jahre vor dem frühesten bekanntgewordenen deutschsprachigen Beleg und ein Jahr vor der ersten Nennung überhaupt.

Die Bedeutung des Scheerbartschen Œuvres wurde hierzulande immer nur im Bereich der phantastischen Literatur gesehen, als deren wichtigster deutschsprachiger Vertreter er – neben Kurd Lasswitz – gilt. Weniger bekannt ist, dass Scheerbart mit seinen rauschenden Raum- und Farbwelten entscheidend den Surrealismus vorbereitete. Mit der Genrebildung der Skizze, die lediglich in Fritz Mauthners *Märchenbuch* (1892) vorgeprägt ist, bzw. des „epischen Intermezzos" beeinflusste er den Expressionismus. Vor allem Alfred Lichtenstein orientierte sich bis ins Detail an Scheerbarts Prosaminiaturen. Dass Scheerbart die ersten Lautgedichte der deutschen Literatur, darunter das bekannte *Kikakoku,* schrieb und so dem Dadaismus wichtige Impulse gab, hat sich infolge der Dada-Renaissance herumgesprochen. Seine Prosa hingegen blieb nicht ohne Wirkung auf das *Passagenwerk* Walter

Benjamins, der über Scheerbart später einen wegweisenden Aufsatz schrieb. Mit seinen Theaterarbeiten beeinflusste er maßgeblich Alfred Jarry.

Obwohl Scheerbart die Handlungsräume seiner Romane häufig in den Orient oder den Weltraum verlegte, um die Themen distanziert und verfremdet präsentieren zu können, müssen sie doch so realistisch auf manche Zeitgenossen gewirkt haben, dass selbst im Hauptwerk des Wiener Philosophen Otto Weininger, *Geschlecht und Charakter* (1903), der Einfluss erotikfeindlichen Gedankenguts spürbar wird, wie es in Scheerbarts satirischem „Eisenbahnroman" *Ich liebe Dich* (1897) humorvoll vorexerziert wird.

Innerhalb der deutschen Literaturgeschichte steht das facettenreiche Werk Paul Scheerbarts – wie das Hilles, Dehmels oder Bleis – als divergentes Bindeglied zwischen den mächtigen Strömungen des Naturalismus und Expressionismus. Die Kennzeichen einer solchen „Zwischenliteratur" sind Formenvielfalt und Experimentierfreude. Deshalb existieren um die Jahrhundertwende verschiedene Kunst- und Literaturrichtungen nebeneinander, was im Begriffspluralismus der Fachwissenschaft – Impressionismus, Fin de Siècle, Jugendstil, Jahrhundertwende, Dekadenz, Bohèmeliteratur – seine Entsprechung findet.

Weniger terminologisch belastet charakterisiert Alfred Döblin Scheerbarts schwebende Kunst wie folgt:

„Hier konkurriert einer mit dieser steinernen festen und soliden Realität und zaubert drauflos und bläst Seifenblasen aus demselben Stoff, aus dem der Weltschöpfer die ganze schwere Erde, den Himmel und alle Tiere und Schicksale gemacht hat."

Bunt wie Seifenblasen, so schillern auch die hier versammelten Wunderfabeln, die eins das erste und nun auch das zweite Vierteljahrhundert des Igel Verlags einläuten.

Zum Text

Das Wunderfabelbuch war von Scheerbart ursprünglich auf fünf Teile angelegt; jedoch erschien nur der erste Teil 1893 im eigenen „Verlag deutscher Phantasten". Obwohl zu diesem Zeitpunkt die Titel der anderen Geschichten bereits feststanden, sie möglicherweise auch schon geschrieben waren, kam es nicht zu deren Veröffentlichung. Der erste Teil ist weder als Ganzes noch in Auszügen nachgedruckt worden.

Die Erstausgabe bietet, da keine Handschrift erhalten ist, die Grundlage für die Neuauflage. Außer offensichtlicher Druckfehler und graphischer Varianten blieb der Text unverändert. Das betrifft auch die unorthodoxe Groß- und Klein- bzw. Getrennt- und Zusammenschreibung sowie die Zeichensetzung.

AUSGEWÄHLTE EDITIONEN IM IGEL VERLAG

Ernst Goll: Im bitteren Menschenland
Das gesammelte Werk. Hg. v. Christian Teissl.
Geb., 292 S., 26,90 €
ISBN 978-3-86815-561-7

In roten Schuhen tanzt die Sonne sich zu Tode
Lyrik expressionistischer Dichterinnen.
Hg. von Hartmut Vollmer.
Geb., 268 S., 19,90 €
ISBN 978-3-86815-526-6

Die rote Perücke. Prosa expressionistischer
Dichterinnen. Hg. von Hartmut Vollmer.
Geb. 172 S., 17,90
ISBN 978-3-86815-519-8

Leopold Andrian: Der Garten der Erkenntnis
Hg. von Dieter Sudhoff.
Br., 240 S., 24,90 €
ISBN 978-3-86815-542-6

Helene Böhlau: Rangierbahnhof
Hg. von Carsten Dürkob.
Br., 204 S., 18,- €
ISBN 978-3-86815-525-9